INHALTSVERZEICHNIS

Vorwort 4

Erklärungen zu den Geschichten 5

Themenübersicht 6

1. Iwanka geht raus 7

Aufgaben 11

Lösungen 13

2. Kuchen für die Nachbarn 15

Aufgaben 18

Lösungen 21

3. Willkommen im Team 24

Aufgaben 28

Lösungen 31

4. Kann ich dir helfen? 33

Aufgaben 36

Lösungen 40

5. Poetry Slam 43

Aufgaben 47

Lösungen 51

Glossar – Erklärung schwieriger Wörter 54

VORWORT

Liebe Schülerinnen und Schüler[1],

irgendwo neu zu sein, ist erst einmal schwierig. Man kennt niemanden. Man kann sich noch nicht orientieren. Man fühlt sich vielleicht nicht wohl. In Deutschland gibt es ein Sprichwort, das heißt: „Aller Anfang ist schwer." Das stimmt sicherlich. Doch nach dem Anfang kommt der nächste Schritt. Wenn man sich auf das Neue einlässt, wird es leichter. Dann fühlt man sich irgendwann sicherer, knüpft Freundschaften, findet sich zurecht und ist angekommen.

Alle Kurzgeschichten über das Ankommen in diesem Buch sind von mir erfunden. Aber vielleicht könnte eine Geschichte so oder so ähnlich auch in Wirklichkeit passiert sein. Vielleicht hast du selbst schon einmal die Erfahrung gemacht, wie es ist, nach und nach anzukommen.

Ich wünsche dir viel Freude beim Lesen. Und wenn du irgendwo neu bist: gutes Ankommen!

Herzliche Grüße

Petra Bartoli y Eckert

[1] Der Verlag an der Ruhr legt großen Wert auf eine geschlechtergerechte und inklusive Sprache. Daher nutzen wir bevorzugt das Gendersternchen, um sowohl männliche und weibliche als auch nichtbinäre Geschlechtsidentitäten einzuschließen. Alternativ verwenden wir neutrale Formulierungen. In Texten für Schüler*innen finden sich aus didaktischen Gründen neutrale Begriffe bzw. Doppelformen.

ERKLÄRUNGEN ZU DEN GESCHICHTEN

Liebe Lehrer*innen,

dieses Lesebuch mit Geschichten zum Thema Ankommen richtet sich an **12- bis 16-jährige Leser*innen** mit Deutschkenntnissen der Niveaustufe A2/B1 nach dem Europäischen Referenzrahmen.

Es ist für alle Lernenden geeignet, die ihre Sprachkenntnisse anwenden und auf unterhaltsame Art und Weise vertiefen und festigen wollen. Dies kann sowohl in Form des Selbststudiums als auch innerhalb eines Klassen- oder Kursverbandes geschehen.

Das vorliegende Buch besteht aus kurzen Geschichten, die sich alle um die Themen „Neusein", „Sich-Zurechtfinden" und „Ankommen" drehen. Im Mittelpunkt der Geschichten stehen junge Menschen aus unterschiedlichen osteuropäischen Ländern, die in Deutschland allmählich Fuß fassen, am Alltag teilhaben und eine Perspektive entwickeln.

Jeder dieser Geschichten sind **Bearbeitungsaufgaben** nachgestellt, die chronolo gisch der Handlung folgen. Sie gehören zu den drei Aufgabenformen:

- **Aufgaben zum Leseverstehen,**
- **Grammatikaufgaben und**
- **weiterführende Fragen.**

Mithilfe der Aufgaben können die Lernenden ihr Textverständnis überprüfen, ihre bereits erworbenen Deutschkenntnisse anwenden und erweitern. Durch die **Lösungsblätter** können die Lernenden selbstständig ihre Aufgaben kontrollieren. Am Ende des Buches befindet sich eine **Liste mit Worterklärungen** zu schwierigen Wörtern, die das Leseverstehen erleichtern. Diese Wörter sind im Text fett markiert.

- Mit dieser Lektüre erhalten Lehrer*innen und Kursleiter*innen **selbsterklärendes** und einfach aufgebautes Unterrichtsmaterial, das sowohl im Klassenverband als auch innerhalb der **individuellen Förderung** von Sprachanfänger*innen funktioniert.

- Schüler*innen bietet dieses Lesebuch kompakte und gut zu verstehende Geschichten zum Selberlesen und die Möglichkeit, im eigenen Tempo ihre Kenntnisse zu Wortschatz und Grammatik auszuweiten.

THEMENÜBERSICHT

Titel	Thematik	Seite
1. Iwanka geht raus	Erkunden einer fremden Stadt	7
2. Kuchen für die Nachbarn	Ankommen in der Nachbarschaft	15
3. Willkommen im Team	Fußballmannschaft, Verein	24
4. Kann ich dir helfen?	Schule, falsch verstandene Hilfsbereitschaft	33
5. Poetry Slam	Jugendzentrum, Poetry Slam	43

1. IWANKA GEHT RAUS 1/4

Iwanka liegt auf ihrem Bett und starrt die Wand an. Sie kennt hier noch niemanden. Und sie weiß nicht, was sie machen soll. Hier ist alles fremd. Sogar das Bett. Es gehört Maria, bei der Iwanka, ihr kleiner Bruder und ihre Mutter jetzt wohnen können.
Es klopft an der Tür.
„Darf ich reinkommen?“, fragt Maria.
„Ich bin nicht da“, ruft Iwanka.
Sie hört, wie Maria lacht. Dann wird die Tür geöffnet.
„Wenn du nicht da bist, dann kann ich dich ja nicht stören“, sagt Maria.
Iwanka verdreht die Augen.
„Geh doch ein bisschen raus. Du kannst dir die **Gegend** ansehen“, schlägt Maria vor.

Iwanka stöhnt.
„Aber ich kenne mich doch hier gar nicht aus“, brummt sie.
Maria nickt ihr aufmunternd zu.
„Eben. Du sollst doch ab Montag zur Schule gehen. Da ist es gut, wenn du die Umgebung und die Straßen hier kennst“, sagt sie.
Iwanka verzieht ihren Mund. Aber sie will sich nicht mit Maria streiten. Immerhin ist sie nett und lässt Iwanka und ihre Familie hier wohnen. Deshalb steht sie auf. Sie nimmt ihr Handy, das auf dem **Nachttisch** liegt, und steckt es ein.

Iwanka steigt die Treppen nach unten. Vor dem Haus bleibt sie stehen. Hinter ihr fällt die schwere Tür ins Schloss. Iwanka holt ihr Handy aus der Hosentasche. Sie öffnet den **Stadtplan**. Ein blauer Punkt zeigt ihr, wo sie steht. Iwanka hebt den Blick und sieht nach rechts. Dort gibt es einen Spielplatz. Kleine Kinder schaukeln und rutschen. Das hat Iwanka auch gerne gemacht, als sie noch klein war. Die Kinder lachen. Sie haben Spaß, denkt Iwanka und muss lächeln. Dann sieht sie nach rechts. Dort steht eine Bank. Sie ist leer. Nein, halt! Da ist etwas. Iwanka geht näher heran. Unter der Bank liegt eine Tasche. Ob die jemand vergessen hat? Iwanka sieht sich um. Es ist niemand zu sehen.

Iwanka geht zur Bank und nimmt die Tasche. Sie ist grün und gelb und hat einen **Reißverschluss**. Iwanka streicht über den bunten Stoff. Vielleicht hat jemand die Tasche vergessen. Sie sieht noch einmal in alle Richtungen. Niemand sucht nach der Tasche. Iwanka überlegt. Was soll sie jetzt machen?

Iwanka beobachtet die Kinder auf dem Spielplatz. Als sie klein war, hat sie gerne **Detektivin** gespielt. Sie könnte doch herausfinden, wem die Tasche gehört! Plötzlich ist Iwanka ein wenig aufgeregt. Sie setzt sich auf die Bank und zieht den **Reißverschluss** der Tasche auf. Iwanka holt eine Geldbörse heraus. Darin ist ein 20-Euro-Schein und ein bisschen Kleingeld. Außerdem steckt ein Monatsticket für den Bus in der Börse. „Emma Weber" steht auf dem Ticket. Also gehört die Tasche wahrscheinlich dieser Emma. Doch wo kann Iwanka sie finden? In der Geldbörse ist sonst nichts. Kein Ausweis. Keine Adresse.

Iwanka wühlt weiter in der Tasche. Sie findet Taschentücher, **Kopfhörer** und ein Päckchen Kaugummi. Sie legt alles neben sich auf die Bank. Dann entdeckt sie ein kleines Heft. Iwanka zieht es heraus. Sie blättert einige Seiten um. Es ist ein Notizbuch. Ganz vorne entdeckt Iwanka wieder den Namen von Emma Weber. Und darunter steht eine Adresse: Lindenstraße 3.

Iwanka stopft alle Dinge zurück in die Tasche und sieht auf den **Stadtplan** auf ihrem Handy. Sie ist hier in der Mozartstraße. Ein Stück weiter vorne ist der Stadtplatz. Sie tippt „Lindenstraße" ein. Sofort wird ihr die Straße angezeigt. Mit Daumen und Zeigefinger zieht Iwanka den Plan größer. Um zur Lindenstraße zu kommen, muss Iwanka ein Stück gehen. Und dann noch zwei Stationen mit dem Bus fahren. Iwanka steht auf und macht sich auf den Weg.

Fünf Minuten später steht sie auf dem Stadtplatz. Hier ist ziemlich viel los. Iwanka entdeckt einen **Kiosk**. Leute stehen in einer Schlange davor. Ein Junge kauft ein Eis am Stiel. Es ist gelb und sieht lecker aus. Hinter dem **Kiosk** ist eine Kirche. Iwanka legt den Kopf in den Nacken, damit sie bis zur Spitze des Kirchturms sehen kann. Tauben flattern vor Iwanka in die Luft. Neben der Kirche ist ein Brunnen. Eine Frau sitzt davor, spielt Gitarre und singt. Iwanka hört ihr eine Weile zu. Dann geht sie weiter.

An der **Kreuzung** biegt Iwanka erst falsch ab. Sie merkt es, als sie an die nächste Querstraße kommt. Iwanka sieht auf dem **Stadtplan** auf ihrem Handy nach. So viele Straßen. Und so viele fremde Namen! Iwanka atmet tief durch. Dann fährt sie mit dem Finger über das Handy-Display. Jetzt hat sie wieder einen Überblick.
„Ah, ich muss nach links", murmelt Iwanka und geht zurück.

© Verlag an der Ruhr | Autorin: Petra Bartoli y Eckert | www.verlagruhr.de

IWANKA GEHT RAUS 3/4

Der Bus, in den Iwanka steigt, ist voll. Plötzlich ist sie sehr aufgeregt. Sie darf die richtige Haltestelle nicht verpassen! Iwanka beobachtet die Anzeige im Bus.
„Nächste Haltestelle: Lindenstraße“, sagt eine Stimme. Iwanka drückt den Knopf neben der Bustür. Der Bus hält. Erleichtert steigt Iwanka aus. Geschafft!

Jetzt steht sie in der Lindenstraße. Sie sucht nach der Hausnummer 3. Es ist ein blaues Haus mit drei Stockwerken. Iwanka geht die Stufen bis zur Eingangstür hoch. Neben der Tür sind viele Klingelknöpfe mit Namensschildern. Iwanka fährt mit dem Finger an den Schildern entlang. Ganz unten rechts steht „Familie Weber“. Iwanka ist also richtig. Sie drückt auf die Klingel und wartet.
Ein paar Sekunden später summt es. Iwanka drückt die Tür auf und betritt das Haus. Hier ist es kühl und ein wenig dunkel. Die rechte Wohnungstür geht auf. Ein Mädchen, das ungefähr so alt ist wie Iwanka, steht im Türrahmen und hat den Kopf schief gelegt.
„Ja bitte?“, fragt sie.

Dann entdeckt sie die Tasche, die Iwanka umgehängt hat.

„Aber das ist ja meine!“, ruft sie überrascht.
„Ich habe sie gefunden“, sagt Iwanka und reicht ihr die Tasche. „Sie stand vor meinem Haus unter einer Bank.“
Emma legt eine Hand auf die Stirn.
„Da muss ich sie vergessen haben, als ich bei meiner Zahnärztin war“, murmelt sie.

© Verlag an der Ruhr | Autorin: Petra Bartoli y Eckert | Abb.: Dorothee Wolters | www.verlagruhr.de

IWANKA GEHT RAUS 4/4

Emma nimmt die Tasche, öffnet den **Reißverschluss** und sieht hinein.
„Alles noch da“, ruft sie erleichtert.

Jetzt will Emma genau wissen, wie Iwanka es geschafft hat, ihr die Tasche zurückzugeben. Und Iwanka erzählt. Von ihrer **Detektiv**arbeit. Und davon, wie Maria sie heute rausgeschickt hat. Und dass sie erst seit einer Woche hier ist und noch niemanden kennt. Emma hört zu, nickt und fragt nach, wenn sie etwas genauer wissen will.
„Jetzt kennst du ja mich“, meint Emma schließlich und grinst.

Dann fällt Emma auf, dass sie immer noch im Hausflur stehen.
„Willst du reinkommen?“, schlägt sie vor. Doch dann schüttelt sie gleich den Kopf. Iwanka sieht sie irritiert an. Will Emma sie nicht in ihrer Wohnung haben?
„Ich habe eine bessere Idee“, sagt Emma schnell. „Wir machen zusammen einen Ausflug. Du hast dir nämlich einen **Finderlohn** verdient! Darf ich dich auf ein Eis einladen?“, fragt Emma.
Eine gute Idee. Iwanka nickt.
„Gerne. Am Stadtplatz gibt es einen **Kiosk**. Da gibt es Eis“, sagt sie und grinst.

Emma staunt.
„Du bist doch noch nicht lange hier. Dafür kennst du dich in der **Gegend** aber gut aus.“
Iwanka lacht und zuckt mit den Schultern.
„Ein bisschen. Seit heute“, meint sie.
Dann gehen die beiden los, um gemeinsam ein Eis zu essen. Rausgehen war gut, denkt Iwanka. Vielleicht wird sie Maria das erzählen. Vielleicht aber auch nicht.

© Verlag an der Ruhr | Autorin: Petra Bartoli y Eckert | www.verlagruhr.de

IWANKA GEHT RAUS: AUFGABEN 1/2

❶ Was stimmt? Kreuze an:

Wo ist Iwanka am Anfang der Geschichte?

☐ in der Schule
☐ in ihrem Zimmer auf dem Bett
☐ in ihrer Wohnung in der Küche

Was nimmt Iwanka vom Nachttisch,
bevor sie die Wohnung verlässt?

☐ ihre Geldbörse
☐ ihr Buch
☐ ihr Handy

Was findet Iwanka unter der Bank?

☐ einen Schuh
☐ eine Tasche
☐ einen Rucksack

Wie heißt Emma mit Nachnamen?

☐ Weber
☐ Wimmer
☐ Weidmann

Welchen Finderlohn bekommt Iwanka von Emma?

☐ 20 Euro
☐ einen Kuchen
☐ ein Eis

❷ Was findet Iwanka alles in Emmas Tasche?
Kreise ein.

Taschentücher	Haargummi	Bonbons
Kaugummi	Lippenstift	Geldbörse
Stift	Monatsticket	Notizbuch

© Verlag an der Ruhr | Autorin: Petra Bartoli y Eckert | www.verlagruhr.de

IWANKA GEHT RAUS: AUFGABEN 2/2

❸ Verbinde immer zwei Sätze. Verwende dazwischen die Wörter *weil* oder *obwohl*. (Hauptsatz – Nebensatz)

Iwanka geht nach draußen,	darin ihre Geldbörse und ihr Notizbuch sind.
Iwanka will herausfinden, wem die Tasche gehört,	sie sich hier nicht auskennt.
Emma freut sich, dass Iwanka ihre Tasche gefunden hat,	sie schon als Kind gerne Detektivin gespielt hat.
Emma ist überrascht, dass Iwanka sich hier schon so gut auskennt,	sie noch gar nicht lange hier ist.

❹ Stell dir vor, Iwanka und Emma tauschen Handynummern. Was könnte Iwanka schreiben, wenn sie sich wieder mit Emma treffen will? Verfasse eine Kurznachricht mit 15 bis 20 Wörtern.

❺ Iwanka und Emma gehen am Ende der Geschichte Eis essen. Das mag Iwanka gerne. Was machst du gerne? Schreibe auf:

© Verlag an der Ruhr | Autorin: Petra Bartoli y Eckert | www.verlagruhr.de

IWANKA GEHT RAUS: LÖSUNGEN 1/2

❶ Was stimmt? Kreuze an:

Wo ist Iwanka am Anfang der Geschichte?

- ☐ in der Schule
- ☒ **in ihrem Zimmer auf dem Bett**
- ☐ in ihrer Wohnung in der Küche

Was nimmt Iwanka vom Nachttisch,
bevor sie die Wohnung verlässt?

- ☐ ihre Geldbörse
- ☐ ihr Buch
- ☒ **ihr Handy**

Was findet Iwanka unter der Bank?

- ☐ einen Schuh
- ☒ **eine Tasche**
- ☐ einen Rucksack

Wie heißt Emma mit Nachnamen?

- ☒ **Weber**
- ☐ Wimmer
- ☐ Weidmann

Welchen Finderlohn bekommt Iwanka von Emma?

- ☐ 20 Euro
- ☐ einen Kuchen
- ☒ **ein Eis**

❷ Was findet Iwanka alles in Emmas Tasche?
Kreise ein.

(**Taschentücher**)	Haargummi	Bonbons
(**Kaugummi**)	Lippenstift	(**Geldbörse**)
Stift	(**Monatsticket**)	(**Notizbuch**)

© Verlag an der Ruhr | Autorin: Petra Bartoli y Eckert | www.verlagruhr.de

IWANKA GEHT RAUS: LÖSUNGEN 2/2

❸ Verbinde immer zwei Sätze. Verwende dazwischen die Wörter *weil* oder *obwohl*. (Hauptsatz – Nebensatz)

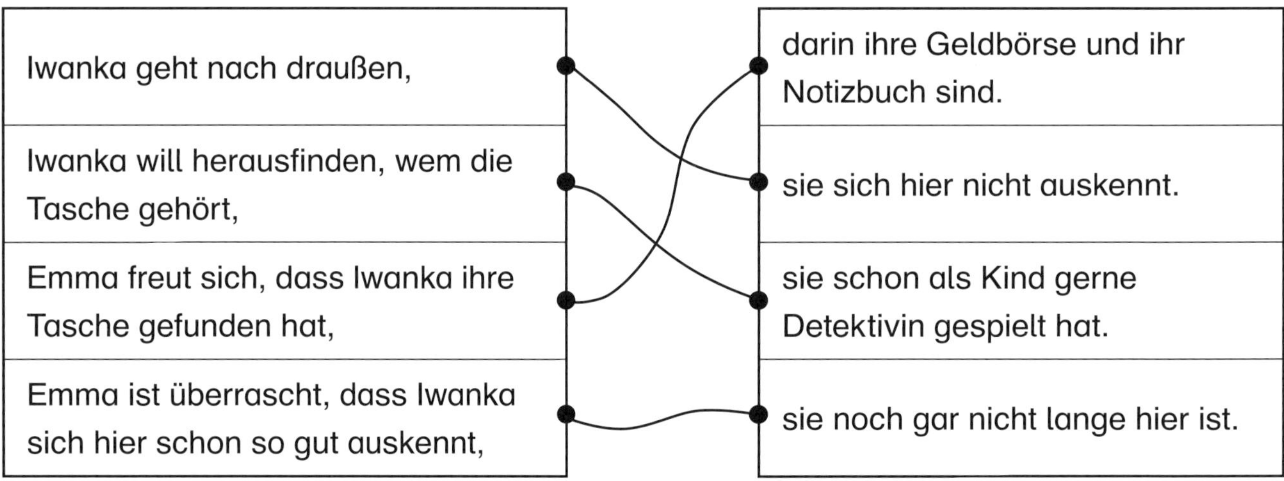

Iwanka geht nach draußen, **obwohl** sie sich hier nicht auskennt. Iwanka will herausfinden, wem die Tasche gehört, **weil** sie schon als Kind gerne Detektivin gespielt hat. Emma freut sich, dass Iwanka ihre Tasche gefunden hat, **weil** darin ihre Geldbörse und ihr Notizbuch sind. Emma ist überrascht, dass Iwanka sich hier schon so gut auskennt, **obwohl** sie noch gar nicht lange hier ist.

❹ Stell dir vor, Iwanka und Emma tauschen Handynummern. Was könnte Iwanka schreiben, wenn sie sich wieder mit Emma treffen will? Verfasse eine Kurznachricht mit 15 bis 20 Wörtern.

Hier gibt es für jede Schülerin und jeden Schüler eine eigene Lösung.

❺ Iwanka und Emma gehen am Ende der Geschichte Eis essen. Das mag Iwanka gerne. Was machst du gerne? Schreibe auf:

Hier gibt es für jede Schülerin und jeden Schüler eine eigene Lösung.

© Verlag an der Ruhr | Autorin: Petra Bartoli y Eckert | www.verlagruhr.de

2. KUCHEN FÜR DIE NACHBARN 1/3

Wie das duftet! Miroslaw betritt die Küche und schnuppert. Seine Mutter legt gerade frische, süße **Piroggen** auf einen Teller. Dann streut sie **Puderzucker** über das Gebäck. Miroslaw läuft das Wasser im Mund zusammen!
„Kann ich gleich eine haben?“, fragt er.
Seine Mutter schüttelt den Kopf.
„Die sind für unsere neuen Nachbarn. Jeder soll eine bekommen. Als Gruß von uns“, meint sie und wischt sich die Hände an einem Geschirrtuch ab.

Miroslaw verzieht den Mund. Wieso sollen Nachbarn, die er gar nicht kennt, sein **Lieblingsgebäck** bekommen? Die wissen wahrscheinlich gar nicht, was **Piroggen** sind. Blöde Idee, findet Miroslaw. Er schnappt sich ein Stück Brot, beißt hinein und trottet zurück in sein Zimmer.

Miroslaw setzt sich auf die Fensterbank und isst das trockene Brot. Da hört er ein Klopfen.
„Dong, dong, dong!“
Miroslaw sieht aus dem Fenster. Im Garten nebenan steht ein Mädchen. Miroslaw hat sie schon gestern gesehen, als er und seine Mutter hier eingezogen sind. Sie wohnt im Nachbarhaus. Aber wie sie heißt, weiß Miroslaw nicht. Er kennt bisher niemanden aus der **Nachbarschaft**.

Miroslaw kneift die Augen zusammen. Was macht die da? Sie hat einen großen Hammer in der Hand. Damit schlägt sie auf ein Stück Holz. Ob sie etwas baut? Miroslaw geht näher an das Fenster heran. Er kann nicht erkennen, was genau sie macht.

Plötzlich hebt das Mädchen den Kopf. Sie sieht genau in seine Richtung. Miroslaw fühlt sich ertappt. Er springt vom Fensterbrett und geht ein Stück zurück. Miroslaw blinzelt. Das Mädchen sieht immer noch zu ihm hoch. Dann hebt sie eine Hand und winkt.
Miroslaw geht wieder näher an das Fenster heran. Er will schon zurückwinken. Aber dann kommt er sich komisch vor. Wieso soll er jemandem winken, den er gar nicht kennt?

Jetzt sieht Miroslaw, dass das Mädchen mit dem Finger zu ihm hochzeigt. Was will sie bloß? Miroslaw beugt sich vor und öffnet das Fenster.
„Na endlich!“, ruft das Mädchen. „Stehst du auf der **Leitung**, oder was?“
Miroslaw geht einen Schritt zurück und schaut auf den Boden. Welche **Leitung**?
Er hört, wie das Mädchen lacht.
„Das war doch nur so ein Spruch. Ich meine: Du hast wohl nicht **kapiert**, was ich von dir will.“

© Verlag an der Ruhr | Autorin: Petra Bartoli y Eckert | www.verlagruhr.de

KUCHEN FÜR DIE NACHBARN 2/3

Miroslaw stemmt die Arme in die Seiten. „Und was willst du?“, ruft er und klingt genervt.
„Ich könnte deine Hilfe gebrauchen. Sieht aus, als hättest du Zeit“, meint das Mädchen **grinsend**.
Ja, Zeit hat Miroslaw. Er holt sein Handy aus der Hosentasche und sieht auf die Uhr. Er hat sogar viel Zeit.
„Kommst du jetzt?“, ruft das Mädchen.

Miroslaw läuft nach unten. Die kleine Tür im Zaun zum Nachbargarten steht offen. Miroslaw geht über eine Wiese an ein paar Bäumen vorbei.
„Ich bin Leyla“, stellt sich das Mädchen vor und deutet mit dem Kopf neben sich. „Kannst du mal halten?“, fragt sie.

In der Erde steckt ein rundes Holz. Miroslaw greift nach dem **Pfosten**. Er wackelt. Leyla holt mit dem Hammer aus. Miroslaw zuckt zusammen. Da fängt Leyla zu lachen an.
„Keine Angst. Ich will nur auf den **Pfosten** schlagen“, meint sie.
Miroslaw atmet auf. Dann grinst er schief. Er nimmt das runde Holz mit beiden Händen. Leyla holt wieder aus und klopft den **Pfosten** mit ein paar Schlägen in die Erde.

„Geschafft. Danke“, meint Leyla und legt den Hammer auf die Wiese.
„Wofür ist das?“, will Miroslaw wissen.
Leyla hebt ein Stück Stoff vom Boden auf.
„Dafür. Ich hänge meine **Hängematte** daran. Hilf mir mal“, fordert sie Miroslaw auf.
Geschickt bindet Leyla ein Ende der **Hängematte** an den **Pfosten**. Das andere Ende schlingt sie um den Apfelbaum.

„Jetzt können wir es uns gemütlich machen“, lacht Leyla und lässt sich mit Schwung in die **Hängematte** fallen.
Sieht wirklich gemütlich aus! Miroslaw lächelt. Dann hat er eine Idee.
„Warte. Ich hole noch etwas“, ruft er und läuft zurück in seine Wohnung.

Atemlos kommt Miroslaw in der Küche an. Seine Mutter steht an der Spüle. Miroslaw schiebt sich an ihr vorbei.
„Ich brauche ein paar **Piroggen**!“, sagt er und schnappt sich einen Teller.
Darauf legt er zwei Stück Gebäck. Dann grinst er und legt noch zwei dazu.
„Aber ich habe dir doch gesagt, dass die für unsere neuen Nachbarn sind!“, schimpft seine Mutter.

© Verlag an der Ruhr | Autorin: Petra Bartoli y Eckert | www.verlagruhr.de

KUCHEN FÜR DIE NACHBARN 3/3

Miroslaw lacht.
„Genau. Deshalb brauche ich sie. Für unsere neuen Nachbarn. Eine davon heißt Leyla. Sie wohnt dort drüben“, erklärt er schnell und deutet zum Nachbarhaus.
„Aber …“, sagt seine Mutter.
Doch Miroslaw lässt sie nicht ausreden. Mit dem Teller voller **Piroggen** rennt er zurück in Leylas Garten.
Vor der **Hängematte** bleibt Miroslaw stehen.
„Was hast du da?“, fragt Leyla.

Miroslaw balanciert den Teller mit den **Piroggen** in einer Hand und klettert neben Leyla in die **Hängematte**.
„Oh, Krapfen! Oder sagt ihr Pfannkuchen? Ist ja egal“, meint Leyla und klatscht begeistert in die Hände.
Miroslaw schnappt sich ein Gebäck. Er beißt hinein, kaut und wischt sich **Puderzucker** von den Lippen.
„Nein, das sind **Piroggen**“, sagt er mit vollem Mund. „Du stehst wohl auf der **Leitung**.“
Leyla stößt ihm in die Seite.
„He, du lernst schnell“, sagt sie und grinst.
„Los, lass mich mal probieren.“

Leyla nimmt sich ein Gebäck und lehnt sich zurück. Die **Hängematte** schwingt hin und her. Gemeinsam essen sie und lassen sich schaukeln. Wirklich gemütlich, findet Miroslaw. Da hatte seine Mutter eine gute Idee. Das muss Miroslaw zugeben.

© Verlag an der Ruhr | Autorin: Petra Bartoli y Eckert | Abb.: Dorothee Wolters | www.verlagruhr.de

KUCHEN FÜR DIE NACHBARN: AUFGABEN 1/3

❶ Beantworte die Fragen. Schreibe in Sätzen.

Was hat Miroslaws Mutter gebacken?

....

Was streut die Mutter auf das Gebäck?

....

Wie heißt das Mädchen, das Miroslaw vom Fenster aus beobachtet?

....

Was will das Mädchen in die Erde klopfen?

....

Was will das Mädchen am Apfelbaum und an dem Holzstück befestigen?

....

❷ Miroslaw bringt Piroggen mit nach draußen. Welche Kuchen oder welches Essen magst du besonders gerne? Schreibe vier Gerichte oder Lieblingskuchen auf.

....

....

....

❸ Was passiert hier? Ergänze die fehlenden Wörter (Präpositionen):
für, über, um, zu, auf, bei

Miroslaw freut sich .... die süßen Piroggen.

Miroslaw wundert sich .... das Klopfen im Nachbargarten.

Leyla bittet Miroslaw .... Hilfe.

Miroslaw kommt .... Leyla in den Garten.

Miroslaw hilft Leyla .... dem Befestigen des Pfostens.

Leyla wartet .... Miroslaw, während er Piroggen aus der Küche holt.

Miroslaws Mutter wundert sich .... ihren Sohn.

Miroslaws entscheidet sich .... den Platz neben Leyla in der Hängematte.

Gemeinsam lachen sie .... den Spaß, den Miroslaw macht.

© Verlag an der Ruhr | Autorin: Petra Bartoli y Eckert | www.verlagruhr.de

KUCHEN FÜR DIE NACHBARN: AUFGABEN 2/3

❹ Finde die richtigen Wörter. Schreibe den passenden Begleiter dazu (Nomen und Artikel).

DER – ZU – PU – CKER: ....

GE – HÄN – TE – MAT: ....

BRETT – TER – FENS: ....

BAR – SCHAFT – NACH: ....

FEL – BAUM – AP: ....

❺ Beantworte die Fragen in ganzen Sätzen (Perfekt).

A) Wer hat die Piroggen gemacht?

....

B) Wer hat aus dem Fenster gesehen?

....

C) Wer hat sich in die Hängematte gesetzt?

....

D) Wem hat Miroslaw Piroggen gebracht?

....

E) Wer hat am Ende gemeinsam gegessen?

....

❻ Miroslaw und Leyla sitzen am Ende gemeinsam in der Hängematte. Wo bist du gerne? Hast du einen Ort, den du besonders gerne magst? Beschreibe ihn.

....

....

....

© Verlag an cer Ruhr | Autorin: Petra Bcrtoli y Eckert | www.verlagruhr.de

KUCHEN FÜR DIE NACHBARN: AUFGABEN 3/3

❼ Stell dir vor, Miroslaw und Leyla unterhalten sich, während sie in der Hängematte sitzen. Was könnten sie sagen?

Miroslaw fragt Leyla, was sie in ihrer Freizeit macht.

Miroslaw: „ ....

.... ?“

Leyla erzählt, dass sie gerne ins Jugendzentrum geht.

Leyla: „ ....

....“

Leyla fragt, ob Miroslaw gerne Sport macht.

Leyla: „ ....

.... ?“

Miroslaw erzählt, dass er Basketball mag.

Miroslaw: „ ....

....“

Leyla erzählt, dass sie Basketball auch gut findet. Sie fragt, ob sie nachher eine Runde spielen wollen.

Leyla: „ ....

.... ?“

Miroslaw findet, dass das eine gute Idee ist.

Miroslaw: „ ....

....“

© Verlag an der Ruhr | Autorin: Petra Bartoli y Eckert | www.verlagruhr.de

KUCHEN FÜR DIE NACHBARN: LÖSUNGEN 1/3

❶ Beantworte die Fragen. Schreibe in Sätzen.

Was hat Miroslaws Mutter gebacken?

Sie hat Piroggen gebacken.

Was streut die Mutter auf das Gebäck?

Sie streut Puderzucker auf das Gebäck.

Wie heißt das Mädchen, das Miroslaw vom Fenster aus beobachtet?

Das Mädchen heißt Leyla.

Was will das Mädchen in die Erde klopfen?

Das Mädchen will einen Pfosten in die Erde klopfen.

Was will das Mädchen am Apfelbaum und an dem Holzstück befestigen?

Das Mädchen will daran eine Hängematte befestigen.

❷ Miroslaw bringt Piroggen mit nach draußen. Welche Kuchen oder welches Essen magst du besonders gerne? Schreibe vier Gerichte oder Lieblingskuchen auf.

Hier gibt es für jede Schülerin und jeden Schüler eine eigene Lösung.

❸ Was passiert hier? Ergänze die fehlenden Wörter (Präpositionen):
für, über, um, zu, auf, bei

Miroslaw freut sich über, auf die süßen Piroggen.

Miroslaw wundert sich über das Klopfen im Nachbargarten.

Leyla bittet Miroslaw um Hilfe.

Miroslaw kommt zu Leyla in den Garten.

Miroslaw hilft Leyla bei dem Befestigen des Pfostens.

Leyla wartet auf Miroslaw, während er Piroggen aus der Küche holt.

Miroslaws Mutter wundert sich über ihren Sohn.

Miroslaws entscheidet sich für den Platz neben Leyla in der Hängematte.

Gemeinsam lachen sie über den Spaß, den Miroslaw macht.

© Verlag an der Ruhr | Autorin: Petra Bartoli y Eckert | www.verlagruhr.de

KUCHEN FÜR DIE NACHBARN: LÖSUNGEN 2/3

❹ Finde die richtigen Wörter. Schreibe den passenden Begleiter dazu (Nomen und Artikel).

DER – ZU – PU – CKER: der Puderzucker

GE – HÄN – TE – MAT: die Hängematte

BRETT – TER – FENS: das Fensterbrett

BAR – SCHAFT – NACH: die Nachbarschaft

FEL – BAUM – AP: der Apfelbaum

❺ Beantworte die Fragen in ganzen Sätzen (Perfekt).

A) Wer hat die Piroggen gemacht?

Miroslaws Mutter hat die Piroggen gemacht.

B) Wer hat aus dem Fenster gesehen?

Miroslaw hat aus dem Fenster gesehen.

C) Wer hat sich in die Hängematte gesetzt?

Leyla hat sich in die Hängematte gesetzt.

D) Wem hat Miroslaw Piroggen gebracht.

Miroslaw hat Leyla Piroggen gebracht.

E) Wer hat am Ende gemeinsam gegessen?

Miroslaw und Leyla haben am Ende gemeinsam gegessen.

❻ Miroslaw und Leyla sitzen am Ende gemeinsam in der Hängematte. Wo bist du gerne? Hast du einen Ort, den du besonders gerne magst? Beschreibe ihn.

Hier gibt es für jede Schülerin und jeden Schüler eine eigene Lösung.

© Verlag an der Ruhr | Autorin: Petra Bartoli y Eckert | www.verlagruhr.de

KUCHEN FÜR DIE NACHBARN: LÖSUNGEN 3/3

❼ Stell dir vor, Miroslaw und Leyla unterhalten sich, während sie in der Hängematte sitzen. Was könnten sie sagen?

Miroslaw fragt Leyla, was sie in ihrer Freizeit macht.

Miroslaw: „Was machst du in deiner Freizeit ?"

Leyla erzählt, dass sie gerne ins Jugendzentrum geht.

Leyla: „Ich gehe gerne ins Jugendzentrum ."

Leyla fragt, ob Miroslaw gerne Sport macht.

Leyla: „Machst du gerne Sport ?"

Miroslaw erzählt, dass er Basketball mag.

Miroslaw: „Ich mag Basketball ."

Leyla erzählt, dass sie Basketball auch gut findet. Sie fragt, ob sie nachher eine Runde spielen wollen.

Leyla: „Ich finde Basketball auch gut. Wollen wir nachher eine Runde spielen ?"

Miroslaw findet, dass das eine gute Idee ist.

Miroslaw: „Das ist eine gute Idee ."

© Verlag an der Ruhr | Autorin: Petra Eartoli y Eckert | www.verlagruhr.de

3. WiLLKoMMEN iM TEAM 1/4

Schuss und ... Fjodor holt aus und tritt gegen den Ball. Er trifft ihn perfekt. Der Ball fliegt in hohem Bogen über den Parkplatz und donnert gegen ein Garagentor.
„Tor!“, schreit Fjodor.
Er springt hoch und angelt den Ball, der zurückprallt, aus der Luft.
„Ruhe!“, ruft eine Stimme.
Fjodor sieht sich um. Im Haus nebenan hat sich ein Mann aus dem Fenster gebeugt. Er sieht Fjodor böse an.
„Hier ist Fußballspielen verboten!“, schimpft er.

Fjodor zieht den Kopf ein. Der Mann ist nicht nett. Und Fjodor will keinen Ärger! Er schnappt sich seinen Ball und klemmt ihn unter den Arm. Fjodor trottet über den Parkplatz. Dann geht er die Straße entlang. Nach ein paar Minuten kommt er zu einem Park. Dort setzt er sich auf eine Bank und lässt die Schultern hängen.

Fjodor zieht eine **Autogrammkarte** aus seiner Sporthose. **Andrij Schewtschenko** hat darauf unterschrieben. Fjodor streicht über das Foto. **Schewtschenko** ist sein Held. Er war **Weltfußballer** des Jahres. Ein echter Star! Fjodor würde gerne so gut spielen wie er. Aber wie soll er das schaffen, wenn er nirgendwo trainieren kann?

Fjodor steckt die **Autogrammkarte** wieder ein. Er steht auf und legt den Ball auf den Boden. Mit der Fußspitze hebt er den Ball an. Dann lässt er ihn auf seinen Oberschenkeln tanzen. Rechts, links, rechts, links. Fjodor geht dabei rückwärts.
„Pass doch auf!“, ruft jemand von hinten.
Ein Fahrradfahrer flitzt an ihm vorbei. Fjodor zuckt zusammen. Er gerät aus dem Takt. Der Ball rollt über die Wiese in einen Busch.

© Verlag an der Ruhr | Autorin: Petra Bartoli y Eckert | Abb.: Dorothee Wolters | www.verlagruhr.de

WiLLKOMMEN iM TEAM 2/4

Fjodor stöhnt auf. Er geht zur **Hecke** und holt den Ball heraus. Wo soll er denn bloß spielen? Fjodor trottet durch den Park. Als er das Ende erreicht hat, geht eine Frau an ihm vorbei. Sie hat Sportkleidung an. In einer Hand trägt sie ein großes Netz. Darin sind viele Fußbälle. Wo die wohl hinwill? Fjodor sieht ihr neugierig nach. Dann folgt er der Frau.

Zwei Straßen weiter betritt die Frau einen Fußballplatz. Hier warten schon mehrere Jungen. Sie tragen alle die gleichen grünen **Trikot**s.
„Hallo, Trainerin!", ruft einer der Jungs und winkt der Frau zu.
Zwei Jungs in Fjodors Alter tragen ein Tor auf den Rasen. Die Frau legt ihr Netz mit den Bällen ab und zieht eine **Trillerpfeife** aus ihrer Hosentasche.

Eine Fußballmannschaft! Wie gerne würde Fjodor mitspielen. Aber er gehört nicht dazu. Gerade will er sich umdrehen und wieder gehen. Da kommt ein Junge auf einem **Motorroller** angerast. Kurz vor dem Fußballplatz bremst er und stellt den Motor ab. Er nimmt seinen Helm ab und hängt ihn an den Lenker.

Der Junge will absteigen. Da bleibt sein Fuß hängen. Der Junge schwankt. Dann fällt er zur Seite. Der Roller kippt um und landet auf ihm.
„Au! So ein Mist!", schreit der Junge.
Fjodor lässt seinen Ball fallen und rennt zu dem Jungen. Er packt den Lenker des **Roller**s und zieht ihn hoch. Der Junge, der unter dem Fahrzeug liegt, dreht sich zur Seite. Dann setzt er sich auf.

„Jonas, bist du verletzt?", fragt die Trainerin, die plötzlich neben Fjodor und dem Jungen steht.
Jonas tastet seine Hand ab. Dann dreht er sie hin und her.
„Ich glaube, es ist nicht schlimm. Vielleicht geprellt", vermutet er und grinst schief.
Dann steht er auf. Mit seiner unverletzten Hand greift er nach dem **Roller**. Fjodor lässt den Lenker los.
„Danke", murmelt Jonas und nickt ihm zu.

Auch die anderen Fußballspieler sind hergelaufen. Sie reden alle durcheinander:
„So ein Mist!"
„Mensch, Jonas, wie ist das denn passiert?"
„Sollen wir einen Krankenwagen rufen?"
„Mit einer verletzten Hand kannst du auf keinen Fall spielen!"
„Was machen wir jetzt ohne Torwart?"

© Verlag an der Ruhr | Autorin: Petra Bartoli y Eckert | www.verlagruhr.de

Die Trainerin bläst in ihre **Trillerpfeife**. Ein schriller Pfiff ertönt. Im nächsten Moment sind alle leise.
„Jonas, du musst zum Arzt", sagt sie und legt ihm eine Hand auf die Schulter.
Sie nimmt Jonas den **Roller** ab und schiebt ihn zur Seite.
Jonas nickt und macht sich auf den Weg.
„Melde dich bitte, wenn du mehr weißt!", ruft die Trainerin ihm hinterher.
„Fangen wir jetzt trotzdem mit dem Training an?", fragt einer der Fußballer.
„Aber Jonas ist jetzt weg. Wir haben also keinen Torwart!", meint ein anderer.

Fjodor holt seinen Ball. Dann stellt er sich wieder zu den Jungen. Er runzelt die Stirn.
„Was schaust du so?", fährt einer der Fußballspieler ihn an.
„Vielleicht kann ich helfen", sagt Fjodor leise.

Alle Blicke richten sich auf Fjodor.
„Du? Bist du etwa Torwart?", fragt einer.
„Na, wenn du Lust hast, dann kannst du heute gerne mittrainieren", meint die Trainerin.
„Der? Wir wissen doch gar nicht, ob er gut ist!", beschwert sich einer der Jungen.
Ein anderer holt die **Torwarthandschuhe**, die neben dem Fußballtor liegen.
„Fang!", ruft er.
Er wirft Fjodor einen Handschuh zu. Überrascht dreht sich Fjodor um. Er will nach dem Handschuh greifen. Doch er ist zu langsam. Der **Torwarthandschuh** segelt durch die Luft und landet vor Fjodors Füßen.
„Na prima! Ein toller Torwart, der nicht fangen kann", meint einer der Jungen.
Es hört sich ziemlich genervt an.

„Jetzt gebt ihm doch eine Chance", meint die Trainerin und lächelt Fjodor an.
Sie geht zurück zum Fußballplatz. Alle folgen ihr. Fjodor trottet hinter den Jungen her. Seinen Ball legt er hinter das Tor.
„Das ist Max. Und das Kadir. Und das Benni", stellt die Trainerin einige Jungen vor.
Dann holt sie rot-weiße Hütchen und verteilt sie auf dem Platz.
„Los, im Zickzack um die Hütchen!", ruft sie.
Alle beginnen, zu laufen. Fjodor auch.

Danach machen alle Liegestütze. Das kann Fjodor gut. Schließlich schießen sie Elfmeter.
Fjodor stellt sich ins Tor. Der erste Schuss kommt scharf. Fjodor will den Ball abfangen.

© Verlag an der Ruhr | Autorin: Petra Bartoli y Eckert | www.verlagruhr.de

Aber er rutscht ihm durch die Hände.
„Tor!“, ruft Max, der geschossen hat.
Kadir verdreht die Augen. Benni funkelt Fjodor ärgerlich an.

Dann kommt der nächste Schuss.
„Den hält er nie!“, hört Fjodor Benni rufen.
Doch da hat er sich getäuscht. Fjodor hechtet nach rechts. Er boxt den Ball mit seiner Faust weg.
„Das war super!“, ruft die Trainerin.
Endlich kann Fjodor sich richtig konzentrieren. Er hält den nächsten Schuss. Und die drei, die danach kommen, auch.
„Mann, der ist ja doch richtig gut!“, ruft Max.

Da kommt Jonas auf den Platz. Er hat einen Verband um seine Hand. Alle laufen zu ihm.
„Alles in Ordnung. Nur ein kleiner Kratzer. In zwei Wochen kann ich wieder mittrainieren“, sagt er.
Alle nicken erleichtert.
„So, Schluss für heute“, sagt die Trainerin und bläst in ihre **Trillerpfeife**.

„Kann ich das nächste Mal wieder kommen?“, fragt Fjodor.
„Was meint ihr?“, fragt die Trainerin die Mannschaft.
„Ich finde, wir können einen zweiten Torwart gut brauchen. Und solange Jonas verletzt ist, kann er übernehmen“, meint Max und lächelt Fjodor an.
„Klar, das finde ich auch“, stimmt Jonas ihm zu.
„He, du hast da was verloren“, sagt er plötzlich und hebt etwas auf, das neben Fjodor auf dem Boden liegt.
Die **Autogrammkarte**! Sie muss Fjodor aus der Tasche gerutscht sein.

„Wow! Das ist doch **Schewtschenko**!“, staunt Jonas.
„Du kennst **Schewtschenko**?“, fragt Fjodor überrascht.
„Klar. Der war ein super Fußballer!“, lacht Jonas und gibt Fjodor die **Autogrammkarte**.
„Willkommen im Team!“, meint die Trainerin.
„Ja, willkommen im Team“, rufen die anderen.
Fjodor grinst. Er kann das nächste Training kaum erwarten.

© Verlag an der Ruhr | Autorin: Petra Bartoli y Eckert | www.verlagruhr.de

WILLKOMMEN IM TEAM: AUFGABEN 1/3

❶ Hast du das im Text gelesen? Kreuze an.

	Ja	Nein
Fjodor holt aus und tritt gegen das Auto.		
Fjodor zieht eine Autogrammkarte aus seiner Sporthose.		
Zwei Mädchen in Fjodors Alter tragen ein Tor auf den Rasen.		
Fjodor lässt seinen Ball fallen und rennt zu dem Jungen.		
Die Trainerin bläst in ihre Trillerpfeife.		
„Vielleicht kann ich helfen“, sagt Fjodor leise.		
Der Papierflieger segelt durch die Luft und landet vor Fjodors Füßen.		
Er boxt den Ball mit seiner Faust weg.		
„Solange Jonas verletzt ist, kann er übernehmen“, meint Max.		
„Willkommen im Urlaub!“, meint die Trainerin.		

❷ Finde die Wörter **Ball**, **Park**, **Tor**, **Roller**, **Team**. Kreise sie ein.

T	R	A	I	N	O
O	B	P	A	R	K
R	A	T	Q	O	L
L	D	E	R	S	J
Y	F	B	O	L	L
O	H	G	L	K	M
S	B	0	L	L	W
P	A	T	E	A	M
Y	L	X	R	C	P
K	L	L	A	W	X

© Verlag an der Ruhr | Autorin: Petra Bartoli y Eckert | www.verlagruhr.de

WiLLKOMMEN iM TEAM: AUFGABEN 2/3

❸ Die Fußballmannschaft, auf die Fjodor trifft, hat schon einen Torwart.
Wie heißt dieser Junge? Kreuze an.

- ☐ Johannes
- ☐ Hannes
- ☐ Jonas
- ☐ Josef

❹ Welche der folgenden Satzteile gehören zusammen? Ordne zu.

Der Nachbar
Die Trainerin
Der Torwart
Die Fußballspieler

trainiert eine Sportmannschaft.
spielen in einer Mannschaft.
wohnt nebenan.
fängt Bälle vor dem Tor ab.

❺ Lies noch einmal nach und antworte.

Wo spielt Fjodor am Anfang der Geschichte mit seinem Ball?

....

Wohin geht Fjodor, als der Mann von nebenan schimpft?

....

Wer bringt Fjodor im Park aus dem Takt, als er mit dem Ball spielt?

....

Wohin geht die Frau, der Fjodor folgt?

....

© Verlag an der Ruhr | Autorin: Petra Bartoli y Eckert | www.verlagruhr.de

WILLKOMMEN IM TEAM: AUFGABEN 3/3

Wer kommt mit dem Motorroller an?

....

Was muss Fjodor als Erstes fangen?

....

In welche Richtung hechtet Fjodor, als er den ersten Ball fängt?

....

Was sagt die Trainerin am Ende zu Fjodor?

....

© Verlag an der Ruhr | Autorin: Petra Bartoli y Eckert | www.verlagruhr.de

WiLLKoMMEN iM TEAM: LÖSUNGEN 1/2

❶ Hast du das im Text gelesen? Kreuze an.

	Ja	Nein
Fjodor holt aus und tritt gegen das Auto.		X
Fjodor zieht eine Autogrammkarte aus seiner Sporthose.	X	
Zwei Mädchen in Fjodors Alter tragen ein Tor auf den Rasen.		X
Fjodor lässt seinen Ball fallen und rennt zu dem Jungen.	X	
Die Trainerin bläst in ihre Trillerpfeife.	X	
„Vielleicht kann ich helfen“, sagt Fjodor leise.	X	
Der Papierflieger segelt durch die Luft und landet vor Fjodors Füßen.		X
Er boxt den Ball mit seiner Faust weg.	X	
„Solange Jonas verletzt ist, kann er übernehmen“, meint Max.	X	
„Willkommen im Urlaub!“, meint die Trainerin.		X

❷ Finde die Wörter **Ball**, **Park**, **Tor**, **Roller**, **Team**. Kreise sie ein.

T	R	A	I	N	O
O	B	P	A	R	K
R	A	T	Q	O	L
L	D	E	R	S	J
Y	F	B	O	L	L
O	H	G	L	K	M
S	B	0	L	L	W
P	A	T	E	A	M
Y	L	X	R	C	P
K	L	L	A	W	X

© Verlag an der Ruhr | Autorin: Petra Bartoli y Eckert | www.verlagruhr.de

WILLKOMMEN IM TEAM: LÖSUNGEN 2/2

❸ Die Fußballmannschaft, auf die Fjodor trifft, hat schon einen Torwart. Wie heißt dieser Junge? Kreuze an.

- ☐ Johannes
- ☐ Hannes
- ☒ Jonas
- ☐ Josef

❹ Welche der folgenden Satzteile gehören zusammen? Ordne zu.

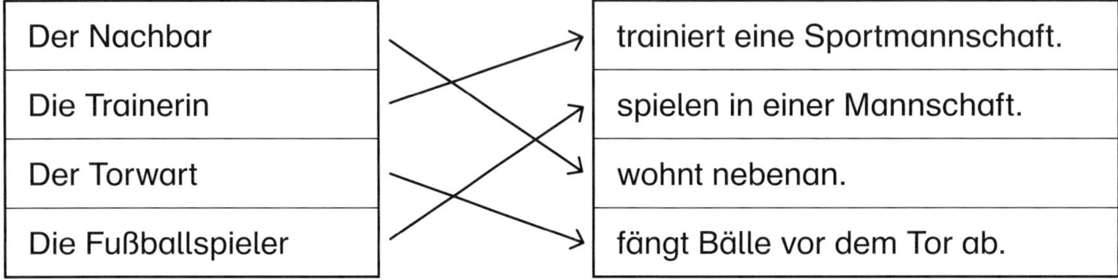

Der Nachbar	trainiert eine Sportmannschaft.
Die Trainerin	spielen in einer Mannschaft.
Der Torwart	wohnt nebenan.
Die Fußballspieler	fängt Bälle vor dem Tor ab.

❺ Lies noch einmal nach und antworte.

Wo spielt Fjodor am Anfang der Geschichte mit seinem Ball?

Er spielt auf dem Parkplatz.

Wohin geht Fjodor, als der Mann von nebenan schimpft?

Er geht in den Park.

Wer bringt Fjodor im Park aus dem Takt, als er mit dem Ball spielt?

Ein Fahrradfahrer bringt ihn aus dem Takt.

Wohin geht die Frau, der Fjodor folgt?

Sie geht zum Fußballplatz.

Wer kommt mit dem Motorroller an?

Jonas kommt mit dem Motorroller an.

Was muss Fjodor als Erstes fangen?

Fjodor muss als Erstes einen Torwarthandschuh fangen.

In welche Richtung hechtet Fjodor, als er den ersten Ball fängt?

Er hechtet nach rechts.

Was sagt die Trainerin am Ende zu Fjodor?

Sie sagt: „Willkommen im Team!"

© Verlag an der Ruhr | Autorin: Petra Bartoli y Eckert | www.verlagruhr.de

4. KANN ICH DIR HELFEN? 1/3

Heute ist Natalias erster Schultag an der neuen Schule hier in Deutschland. Sie steht vor dem großen Schul**gebäude**. Das fühlt sich komisch an. Neben Natalia laufen Jungen und Mädchen ins **Gebäude**. Manche kichern. Manche reden miteinander. Natalia seufzt. Hier ist alles so fremd. Die Schule sieht ganz anders aus als ihre alte Schule. Und dann die Sprache! Deutsch klingt in Natalias Ohren **eigenartig**. Und oft fehlen ihr die richtigen Worte, um etwas zu sagen. Plötzlich hat Natalia schrecklich **Heimweh!**

„Du musst Natalia sein", sagt eine Stimme. Natalia schaut auf. Ein Mann kommt aus dem Schulhaus auf sie zu. Er hält ihr seine Hand hin und lächelt.
„Ich bin Herr Schwarz, dein Lehrer", sagt er. Zögernd greift Natalia nach seiner Hand und schüttelt sie.
„Komm mit. Ich zeig dir dein **Klassenzimmer**", sagt Herr Schwarz.

Natalia folgt ihm in die Schule. Neben dem Eingang hängt ein Plakat. Darauf steht „Herzlich willkommen!".
„Ich hoffe, du fühlst dich hier schnell wohl. Wenn ich dir irgendwie helfen kann, sag einfach Bescheid", sagt Herr Schwarz.

Natalia nickt. Obwohl sie lieber den Kopf schütteln würde. Alle wollen immer helfen! Das ist natürlich nett. Aber Natalia ist das manchmal zu viel. Doch das sagt sie nicht. Sie will ja nicht unfreundlich sein.

Natalia geht hinter Herrn Schwarz durch das Schulhaus. Hier ist es laut. So laut war es in ihrer alten Schule nie! Alle Schülerinnen und Schüler reden laut und machen Krach. Am liebsten würde sich Natalia die Ohren zuhalten. Herr Schwarz bleibt stehen und zeigt zu einer offenen Tür.
„Hier ist dein **Klassenzimmer**", sagt er.
Natalias Knie sind weich, als sie hinter Herrn Schwarz das Zimmer betritt.

Viele Jungen und Mädchen in Natalias Alter stehen, sitzen oder gehen im **Klassenzimmer** herum. Alle reden durcheinander. Natalia stellt sich neben Herrn Schwarz vor die Tafel. Dann ist es plötzlich still.
„Das ist Natalia. Eure neue Mitschülerin", sagt Herr Schwarz.
Alle sehen Natalia an. Am liebsten wäre sie jetzt unsichtbar!

© Verlag an der Ruhr | Autorin: Petra Bartoli y Eckert | www.verlagruhr.de

KANN ICH DIR HELFEN? 2/3

„Du kannst dich zu Lena setzen", schlägt Herr Schwarz vor und deutet auf den freien Platz in der zweiten Reihe.

Natalia nickt und setzt sich. Ihre **Tisch-nachbarin** Lena sieht nett aus.
„Schön, dass du da bist", sagt sie.
Natalia lächelt sie an.
„Wir haben gleich Mathe", meint Lena.
Sie holt ihr Buch aus der Schultasche und legt es zwischen sich und Natalia auf den Tisch.

„Soll ich dir helfen?", fragt Lena.
Sie wartet gar nicht auf Natalias Antwort, sondern schlägt gleich ihr Buch auf. Lena deutet mit dem Finger auf eine Rechnung.
„Ich kann dir erklären, wie das geht", flüstert sie und zwinkert Natalia zu.
Natalia seufzt. Sie braucht keine Hilfe!
Sie ist gut in Mathe. Aber das sagt sie Lena nicht. Stattdessen flüstert sie: „Danke."

Alle in der Klasse sehen gespannt zu Herrn Schwarz. Der steht vorne an seinem Tisch.
Er tippt auf seinem **Tablet** herum. Dann sieht er hoch zur Zimmerdecke. Dort hängt ein Gerät.
„Das gibt es doch nicht", murmelt er und starrt auf das **Tablet**.
Dann schaut er zur Tafel. Dort sollte jetzt ein Bild erscheinen. Aber es ist nicht zu sehen.
Herr Schwarz schüttelt den Kopf.
„Es tut mir leid. Es dauert noch ein bisschen. Ich kann das **Tablet** nicht mit dem **Beamer** verbinden", sagt Herr Schwarz und kratzt sich am Kopf.

© Verlag an der Ruhr | Autorin: Petra Bartoli y Eckert | Abb.: Dorothee Wolters | www.verlagruhr.de

KANN ICH DIR HELFEN? 3/3

Natalia hebt ihre Hand.
„Ja? Natalia, kann ich dir helfen?“, fragt der Lehrer.
Natalia schüttelt den Kopf.
„Nein“, sagt sie ganz deutlich. „Aber ich kann helfen.“
„Du?“, fragt Herr Schwarz überrascht. „Kennst du dich denn damit aus?“

Natalia nickt. Sie steht auf und geht nach vorne. Natalia war in ihrer früheren Klasse für die Technik zuständig. Sie ist nicht nur in Mathe gut. Sie kennt sich auch richtig gut mit Computern und anderen Geräten aus. Natalia beugt sich über das **Tablet** von Herrn Schwarz. Sie legt den Kopf schief. Dann tippt sie auf das Display. Natalia kneift die Augen zusammen.
„Ah. Hier ist der Fehler“, sagt sie und dreht sich zu Herrn Schwarz. „Sie müssen erst eine Verbindung herstellen.“
„Ja, natürlich“, meint Herr Schwarz und zuckt mit den Schultern. „Aber wie?“
Natalia macht das schnell. Plötzlich erscheint ein Bild auf der Tafel. Es hat geklappt!

Natalia geht zurück zu ihrem Platz.
„Du kennst dich ja richtig gut aus“, staunt Lena, als Natalia sich setzt.
„Danke“, meint Herr Schwarz. „Wir hatten in der Klasse besprochen, dass wir dir helfen werden. Ich hätte nicht gedacht, dass ich heute Hilfe von dir brauchen würde.“
Natalia grinst und zuckt mit den Schultern.
„Gern geschehen“, sagt sie.
Dann beginnt der Unterricht in ihrer neuen Klasse. Irgendwie fühlt sich Natalia jetzt angekommen.

© Verlag an der Ruhr | Autorin: Petra Bartoli y Eckert | www.verlagruhr.de

KANN ICH DIR HELFEN?: AUFGABEN 1/4

❶ Welche Antwort ist richtig? Kreuze an.

Welcher besondere Tag ist heute für Natalia?

☐ Heute ist Natalias erster Schultag.

☐ Heute ist Natalias letzter Schultag.

Wie fühlt Natalia sich?

☐ Sie ist fröhlich.

☐ Sie hat Heimweh.

Wer kommt Natalia vor der Schule entgegen?

☐ Eine Mitschülerin kommt ihr entgegen.

☐ Ihr Lehrer kommt ihr entgegen.

Was hängt neben dem Eingang der Schule?

☐ Neben dem Eingang hängt eine Tafel.

☐ Neben dem Eingang hängt ein Plakat.

Wohin führt der Lehrer Natalia?

☐ Er führt sie in das Klassenzimmer.

☐ Er führt sie auf den Parkplatz.

Neben wem soll Natalia sitzen?

☐ Sie soll neben Lars sitzen.

☐ Sie soll neben Lena sitzen.

Was kann Natalia richtig gut?

☐ Sie kann gut mit Computern umgehen.

☐ Sie kann gut malen.

© Verlag an der Ruhr | Autorin: Petra Bartoli y Eckert | www.verlagruhr.de

KANN ICH DIR HELFEN?: AUFGABEN 2/4

❷ Was passiert in der Geschichte? Ordne die Sätze in der richtigen Reihenfolge.
Schreibe die Zahlen 1 bis 7 in die Kästchen.

☐ Natalia kann neben Lena sitzen.

☐ Natalia steht vor der Schule.

☐ Herr Schwarz staunt, dass Natalia sich mit Technik auskennt.

☐ Herr Schwarz, der Lehrer, begrüßt Natalia.

☐ Natalia bietet ihre Hilfe an.

☐ Natalia verbindet das Tablet mit dem Beamer.

☐ Am Eingang der Schule hängt ein Plakat mit „Herzlich willkommen!“.

❸ Natalia hat weiche Knie, als sie das Klassenzimmer betritt. Sie ist aufgeregt.
Wie hast du dich gefühlt, als du irgendwo neu warst?

....

....

....

❹ Wo kannst du das lesen? Schreibe die Seitenzahl auf.

So laut war es in ihrer alten Schule nie!

Seite ....

Alle in der Klasse sehen gespannt zu Herrn Schwarz.

Seite ....

Am liebsten wäre sie jetzt unsichtbar.

Seite ....

Ich hätte nicht gedacht, dass ich heute Hilfe von dir brauchen würde.

Seite ....

© Verlag an der Ruhr | Autorin: Petra Bartoli y Eckert | www.verlagruhr.de

Plötzlich hat Natalia schrecklich Heimweh!
Seite ....

Sie müssen erst eine Verbindung herstellen.
Seite ....

❺ Welche beiden Artikel gehören zu den Wörtern?
(bestimmter und unbestimmter Artikel)
der, die, das, eine, ein

die Schule – **eine** Schule

das Gebäude – .... Gebäude

der Eingang – .... Eingang

.... Plakat – ein Plakat

.... Klassenzimmer – ein Klassenzimmer

.... Tisch – ein Tisch

.... Tablet – ein Tablet

das Bild – .... Bild

.... Klasse – eine Klasse

❻ Ergänze die fehlenden Wörter (Konjunktionen).
weil, damit, während, obwohl

- Natalia sieht ein Plakat, ... sie die Schule betritt.
- Herr Schwarz führt Natalia ins Klassenzimmer, ... sie den Weg findet.
- Lena bietet ihre Hilfe an, ... Natalia gut in Mathe ist.
- Natalia hilft, ... Herr Schwarz sein Tablet nicht mit dem Beamer verbinden kann.
- Natalia fühlt sich angekommen, ... sie helfen konnte.

© Verlag an der Ruhr | Autorin: Petra Bartoli y Eckert | www.verlagruhr.de

KANN ICH DIR HELFEN?: AUFGABEN 4/4

❼ Stell dir vor, Natalia und Lena verabreden sich nach der Schule.
Was könnten die beiden gemeinsam unternehmen?

Diese Wörter kannst du verwenden:

Schule	Hausaufgaben
Stadtpark	kochen
Eis	Wohnung
Kino	Spaß

....

....

....

....

....

© Verlag an der Ruhr | Autorin: Petra Bartoli y Eckert | www.verlagruhr.de

KANN ICH DIR HELFEN?: LÖSUNGEN 1/3

❶ Welche Antwort ist richtig? Kreuze an.

Welcher besondere Tag ist heute für Natalia?
☒ Heute ist Natalias erster Schultag.
☐ Heute ist Natalias letzter Schultag.

Wie fühlt Natalia sich?
☐ Sie ist fröhlich.
☒ Sie hat Heimweh.

Wer kommt Natalia vor der Schule entgegen?
☐ Eine Mitschülerin kommt ihr entgegen.
☒ Ihr Lehrer kommt ihr entgegen.

Was hängt neben dem Eingang der Schule?
☐ Neben dem Eingang hängt eine Tafel.
☒ Neben dem Eingang hängt ein Plakat.

Wohin führt der Lehrer Natalia?
☒ Er führt sie in das Klassenzimmer.
☐ Er führt sie auf den Parkplatz.

Neben wem soll Natalia sitzen?
☐ Sie soll neben Lars sitzen.
☒ Sie soll neben Lena sitzen.

Was kann Natalia richtig gut?
☒ Sie kann gut mit Computern umgehen.
☐ Sie kann gut malen.

© Verlag an der Ruhr | Autorin: Petra Bartoli y Eckert | www.verlagruhr.de

KANN ICH DIR HELFEN?: LÖSUNGEN 2/3

❷ Was passiert in der Geschichte? Ordne die Sätze in der richtigen Reihenfolge. Schreibe die Zahlen 1 bis 7 in die Kästchen.

- [4] Natalia kann neben Lena sitzen.
- [1] Natalia steht vor der Schule.
- [7] Herr Schwarz staunt, dass Natalia sich mit Technik auskennt.
- [2] Herr Schwarz, der Lehrer, begrüßt Natalia.
- [5] Natalia bietet ihre Hilfe an.
- [6] Natalia verbindet das Tablet mit dem Beamer.
- [3] Am Eingang der Schule hängt ein Plakat mit „Herzlich willkommen!“.

❸ Natalia hat weiche Knie, als sie das Klassenzimmer betritt. Sie ist aufgeregt. Wie hast du dich gefühlt, als du irgendwo neu warst?

Hier gibt es für jede Schülerin und jeden Schüler eine eigene Lösung.

❹ Wo kannst du das lesen? Schreibe die Seitenzahl auf.

So laut war es in ihrer alten Schule nie!

Seite 33

Alle in der Klasse sehen gespannt zu Herrn Schwarz.

Seite 34

Am liebsten wäre sie jetzt unsichtbar.

Seite 33

Ich hätte nicht gedacht, dass ich heute Hilfe von dir brauchen würde.

Seite 35

© Verlag an der Ruhr | Autorin: Petra Bartoli y Eckert | www.verlagruhr.de

KANN ICH DIR HELFEN?: LÖSUNGEN 3/3

Plötzlich hat Natalia schrecklich Heimweh!
Seite 33

Sie müssen erst eine Verbindung herstellen.
Seite 35

❺ Welche beiden Artikel gehören zu den Wörtern?
(bestimmter und unbestimmter Artikel)
der, die, das, eine, ein

die Schule – **eine** Schule

das Gebäude – ein Gebäude

der Eingang – ein Eingang

das Plakat – ein Plakat

das Klassenzimmer – ein Klassenzimmer

der Tisch – ein Tisch

das Tablet – ein Tablet

das Bild – ein Bild

die Klasse – eine Klasse

❻ Ergänze die fehlenden Wörter (Konjunktionen).
weil, damit, während, obwohl

- Natalia sieht ein Plakat, während sie die Schule betritt.
- Herr Schwarz führt Natalia ins Klassenzimmer, damit sie den Weg findet.
- Lena bietet ihre Hilfe an, obwohl Natalia gut in Mathe ist.
- Natalia hilft, weil Herr Schwarz sein Tablet nicht mit dem Beamer verbinden kann.
- Natalia fühlt sich angekommen, weil sie helfen konnte.

❼ Stell dir vor, Natalia und Lena verabreden sich nach der Schule.
Was könnten die beiden gemeinsam unternehmen?

Hier gibt es für jede Schülerin und jeden Schüler eine eigene Lösung.

© Verlag an der Ruhr | Autorin: Petra Bartoli y Eckert | www.verlagruhr.de

5. POETRY SLAM 1/4

Es gongt. Die Schule ist zu Ende. Jelena ist froh, dass sie wieder einen Schultag geschafft hat. Sie packt ihre Sachen in den **Rucksack**. Ganz hinten steckt ihr **Notizblock**. Darin schreibt sie alles auf, was ihr wichtig ist. Und sie schreibt Gedichte. Aber davon weiß nur ihr kleiner Bruder. Sonst hat sie niemandem davon erzählt.

Jelena nimmt ihren **Rucksack**. Da kommt Charlotte an ihren Tisch.
„Kommst du heute mit ins **Jugendzentrum**?“, fragt sie.
Jelena zuckt mit den Schultern. Sie ist noch nicht lange in der Klasse. Und sie hat sich noch nie mit jemandem nach der Schule getroffen.
„Na, komm. Es wird dir gefallen. Heute um fünf Uhr“, sagt Charlotte. „Du weißt schon: Gleich hier neben der Schule.“
Charlotte zeigt aus dem Fenster. Jelena wirft einen Blick auf das bunte **Gebäude**. Es sieht schön aus. Jelena nickt zögernd. Also gut.

Um fünf Uhr steht Jelena vor der Tür des **Jugendzentrums**. Sie tritt unsicher von einem Fuß auf den anderen. Jelena greift in ihre **Jackentasche**. Da ist ihr **Notizblock**. Jelena ist froh, dass sie ihn dabeihat. Sie hört laute Musik. Und viele Stimmen. Jelena weiß nicht so recht, ob sie wirklich reingehen soll. Da fällt ihr Blick auf einen Zettel, der an der Wand neben der Tür hängt.
„Heute: **Poetry Slam**“ steht darauf. Bei einem **Poetry Slam** tragen Leute ihre selbst geschriebenen Gedichte vor. Jelena weiß das. Sie muss an ihre Gedichte denken. Sie tastet wieder nach ihrem **Notizblock** und lächelt.

Mit einem Ruck wird die Tür aufgedrückt. Charlotte kommt aus dem **Jugendzentrum**. Als sie Jelena sieht, lacht sie.
„Da bist du ja. Schön! Komm rein“, sagt sie.
Jelena folgt Charlotte ins **Jugendzentrum**. Sie sieht sich um. Hier sind viel Jungen und Mädchen. Manche sind so alt wie Jelena. Manchen sind ein bisschen älter. Es gibt hier eine **Theke**, einen **Kicker**, eine **Dartscheibe**, mehrere Computer, eine Tischtennisplatte und eine **Bühne**.
„Komm, wir trinken etwas“, schlägt Charlotte vor.
Sie holt zwei Cola und setzt sich auf einen Hocker an die **Theke**. Jelena setzt sich daneben.

Ein Junge stellt sich neben Jelena.
„Hallo, ich bin Asim. Bist du neu hier?“, fragt er.
Jelena nickt und rückt ein Stück zur Seite. Da fällt etwas auf den Boden.
„Das hast du verloren“, sagt Asim und bückt sich.

© Verlag an der Ruhr | Autorin: Petra Bartoli y Eckert | www.verlagruhr.de

POETRY SLAM 2/4

Er hebt einen Block auf. Es ist Jelenas **Notizblock**. Er muss ihr aus der **Jackentasche** gefallen sein. Asim sieht sich den Block genauer an. Jelena wird heiß und kalt zugleich. Sie reißt Asim den **Notizblock** aus der Hand.
„Gib her", sagt sie.

Charlotte beugt sich neugierig zu Jelena.
„Was ist das?", will sie wissen.
„Nichts", behauptet Jelena.
Charlotte runzelt die Stirn. Jelena stopft ihren Block zurück in die **Jackentasche**.
Sie sieht, dass Charlotte und Asim sie aufmerksam mustern. Jelena holt tief Luft.
Na gut!
„Ich schreibe Gedichte", sagt sie leise.
Asim macht große Augen.
„Echt? Das ist ja super", meint er begeistert.

„Hört mal bitte alle her!", sagt eine laute Stimme.
Eine Frau steht auf der kleinen **Bühne** am Rand des großen Raumes. Die Frau hebt die Hand. Nach und nach wird es still.
„Das ist Emmi. Sie leitet das **Jugendzentrum**", flüstert Charlotte in Jelenas Ohr.

„Ihr wisst ja, dass wir heute **Poetry Slam** machen", sagt Emmi. „Wer möchte mitmachen?"
„Ich", ruft Asim.
Jelena sieht ihn überrascht an. Sie hätte nicht gedacht, dass er Gedichte schreibt.
So wie sie.
Asim grinst und kreist mit seinen Schultern.
Dann dreht er sich zu Jelena um und zwinkert ihr zu.
„Wünsch mir Glück", sagt er und geht zur **Bühne**.

Alle Augen richten sich auf Asim. Er schaut in die Runde und räuspert sich. Dann fängt Asim an. Jelena hält den Atem an. Asim spricht sehr schnell und deutlich. Sein Gedicht handelt von der Schule. Es ist lustig.
Und es ist gut, findet Jelena. Als Asim fertig ist, bekommt er **Applaus**.

„Willst du auch mitmachen?", fragt Charlotte.
Sie legt ihren Kopf schief und sieht Jelena an.

© Verlag an der Ruhr | Autorin: Petra Bartoli y Eckert | www.verlagruhr.de

POETRY SLAM 3/4

Was? Jelena wird blass. Auf keinen Fall! Jelena schüttelt den Kopf. Da kommt Asim auf sie zu.

„Das war gut", sagt Jelena.

Asim grinst.

„Jetzt du", sagt er und zeigt zur **Bühne**.

„Ich weiß nicht", murmelt Jelena.

„Wer möchte noch? Los, traut euch", ruft Emmi.

Asim nickt Jelena zu.

„Jelena schreibt auch Gedichte!", ruft Charlotte.

Die Leute sehen zu ihnen herüber. Einige klatschen.

Jelena erschrickt.

„Du schaffst das", sagt Asim und klopft ihr auf die Schulter.

Jelena liebt Gedichte. Sie überlegt. Also gut. Langsam steigt sie von ihrem Hocker. Mit wackeligen Knien geht sie zur **Bühne**. Sie stellt sich in die Mitte. Jelena zieht ihren **Notizblock** aus der **Jackentasche** und blättert ihn auf.

„Hallo, ich bin Jelena", sagt sie.

Ihre Stimme klingt dünn. Charlotte und Asim nicken ihr zu. Jelena senkt den Blick. Dann fängt sie an:

„Ich bin ständig
auf der Suche.
Schau nach vorne,
schau zurück.
Wo bin ich denn
da gelandet?
Vielleicht hab ich
hier ja Glück!"

Jelenas Aufregung ist verflogen. Sie hebt den Kopf und sieht sich um. Alle sehen sie mit großen Augen an. Jelena holt tief Luft. Dann spricht sie weiter:

„Manchmal bin ich
wirklich ratlos.
Bin jetzt hier,
wo geh ich hin?
Was ich brauche,
das sind Freunde!
Ganz egal,
wo ich auch bin."

© Verlag an der Ruhr | Autorin: Petra Bartoli y Eckert | www.verlagruhr.de

Applaus! Alle im **Jugendzentrum** klatschen und jubeln. Jelena merkt, wie ihre Wangen heiß werden. Sie freut sich. Und sie ist stolz. Und ein bisschen **verlegen**. Als Jelena von der **Bühne** steigt, kommen ihr Charlotte und Asim entgegen.
„Das war cool!“, ruft Asim.
Charlotte umarmt Jelena.
„Du hast echt Talent!“, meint sie.
Jelena lächelt. Sie weiß nicht so recht, was sie denken soll. Jelena steckt ihren Block zurück in die **Jackentasche**. Jedenfalls gefällt es ihr hier im **Jugendzentrum**. Sie wird bestimmt öfter kommen. Da ist sie sich sicher.

© Verlag an der Ruhr | Autorin: Petra Bartoli y Eckert | Abb.: Dorothee Wolters | www.verlagruhr.de

POETRY SLAM: AUFGABEN 1/4

❶ Kreuze die richtige Antwort an.

Wer fragt Jelena, ob sie mit ins Jugendzentrum kommt?

☐ Asim
☐ Emmi
☐ Charlotte
☐ Frau Weber

Wo ist das Jugendzentrum?

☐ in der Schule
☐ neben der Schule
☐ neben dem Bahnhof
☐ hinter der Schule

Um wie viel Uhr soll Jelena im Jugendzentrum sein?

☐ um 3 Uhr nachmittags
☐ um 12 Uhr mittags
☐ um 5 Uhr morgens
☐ um 5 Uhr nachmittags

Was schreibt Jelena auf ihren Notizblock?

☐ den Einkaufszettel
☐ eine Geschichte
☐ Namen
☐ Gedichte

Wo hat Jelena ihren Notizblock?

☐ in der Jackentasche
☐ im Auto
☐ im Rucksack
☐ in der Handtasche

© Verlag an der Ruhr | Autorin: Petra Bartoli y Eckert | www.verlagruhr.de

POETRY SLAM: AUFGABEN 2/4

❷ Ergänze den richtigen Begleiter (bestimmter Artikel). Beachte dabei, in welcher Form (Kasus) er eingesetzt werden muss.

Charlotte ist .... Mitschülerin von Jelena.

Sie möchte, dass Jelena mit in .... Jugendzentrum geht.

Dort nehmen Jelena und Charlotte an .... Theke Platz.

Asim stellt sich neben .... Hocker von Jelena.

Dann geht Asim auf .... Bühne.

Jelena holt .... Notizblock aus ihrer Jackentasche.

Applaus! Alle klatschen in .... Hände.

❸ Was kann man im Jugendzentrum alles machen? (mehrere Antworten sind richtig)

- ☐ Musik hören
- ☐ Blumen pflücken
- ☐ Kicker spielen
- ☐ Tischtennis spielen
- ☐ Darts spielen
- ☐ Fenster putzen
- ☐ Bilder malen

❹ Welcher Teilsatz gehört wohin? Ergänze die zweite Hälfte des Satzes richtig. (Futur I)

- ▸ Charlotte noch mehr von Jelenas Gedichte hören wollen.
- ▸ Jelena wieder ins Jugendzentrum gehen.
- ▸ Jelena, Asim und Charlotte Freunde sein.

Nach dem Poetry Slam wird

....

In den nächsten Tagen wird

....

Bald werden

....

© Verlag an der Ruhr | Autorin: Petra Bartoli y Eckert | www.verlagruhr.de

POETRY SLAM: AUFGABEN 3/4

❺ Jelena ist heute ins Jugendzentrum gegangen. Was hast du letzte Woche gemacht? (Verben im Perfekt)

Gestern bin ich

....

Am Montag

....

Am Freitag

....

❻ Jelena schreibt Gedichte. Finde Wörter, die sich reimen. Verbinde sie.

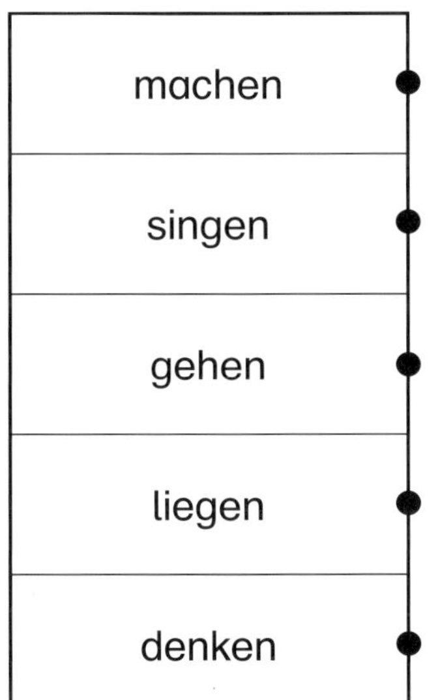

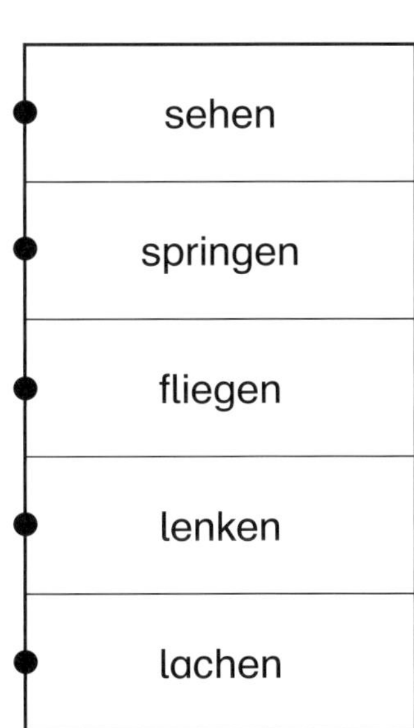

© Verlag an der Ruhr | Autorin: Petra Bartoli y Eckert | www.verlagruhr.de

❼ Erzähle, was hier passiert.

....

....

....

....

....

....

© Verlag an der Ruhr | Autorin: Petra Bartoli y Eckert | Abb.: Dorothee Wolters | www.verlagruhr.de

POETRY SLAM: LÖSUNGEN 1/3

❶ Kreuze die richtige Antwort an.

Wer fragt Jelena, ob sie mit ins Jugendzentrum kommt?

- ☐ Asim
- ☐ Emmi
- ☒ Charlotte
- ☐ Frau Weber

Wo ist das Jugendzentrum?

- ☐ in der Schule
- ☒ neben der Schule
- ☐ neben dem Bahnhof
- ☐ hinter der Schule

Um wie viel Uhr soll Jelena im Jugendzentrum sein?

- ☐ um 3 Uhr nachmittags
- ☐ um 12 Uhr mittags
- ☐ um 5 Uhr morgens
- ☒ um 5 Uhr nachmittags

Was schreibt Jelena auf ihren Notizblock?

- ☐ den Einkaufszettel
- ☐ eine Geschichte
- ☐ Namen
- ☒ Gedichte

Wo hat Jelena ihren Notizblock?

- ☒ in der Jackentasche
- ☐ im Auto
- ☐ im Rucksack
- ☐ in der Handtasche

© Verlag an der Ruhr | Autorin: Petra Bartoli y Eckert | www.verlagruhr.de

POETRY SLAM: LÖSUNGEN 2/3

❷ Ergänze den richtigen Begleiter (bestimmter Artikel). Beachte dabei, in welcher Form (Kasus) er eingesetzt werden muss.

Charlotte ist ....die........ Mitschülerin von Jelena.

Sie möchte, dass Jelena mit in ....das........ Jugendzentrum geht.

Dort nehmen Jelena und Charlotte an ....der........ Theke Platz.

Asim stellt sich neben ....den........ Hocker von Jelena.

Dann geht Asim auf ....die........ Bühne.

Jelena holt ....den........ Notizblock aus ihrer Jackentasche.

Applaus! Alle klatschen in ....die........ Hände.

❸ Was kann man im Jugendzentrum alles machen? (mehrere Antworten sind richtig)

- ☒ Musik hören
- ☐ Blumen pflücken
- ☒ Kicker spielen
- ☒ Tischtennis spielen
- ☒ Darts spielen
- ☐ Fenster putzen
- ☐ Bilder malen

❹ Welcher Teilsatz gehört wohin? Ergänze die zweite Hälfte des Satzes richtig. (Futur I)

- ▸ Charlotte noch mehr von Jelenas Gedichte hören wollen.
- ▸ Jelena wieder ins Jugendzentrum gehen.
- ▸ Jelena, Asim und Charlotte Freunde sein.

Nach dem Poetry Slam wird

Charlotte noch mehr von Jelenas Gedichten hören wollen.

In den nächsten Tagen wird

Jelena wieder ins Jugendzentrum gehen.

Bald werden

Jelena, Asim und Charlotte Freunde sein.

© Verlag an der Ruhr | Autorin: Petra Bartoli y Eckert | www.verlagruhr.de

POETRY SLAM: LÖSUNGEN 3/3

❺ Jelena ist heute ins Jugendzentrum gegangen. Was hast du letzte Woche gemacht? (Verben im Perfekt)

Hier gibt es für jede Schülerin und jeden Schüler eine eigene Lösung.

❻ Jelena schreibt Gedichte. Finde Wörter, die sich reimen. Verbinde sie.

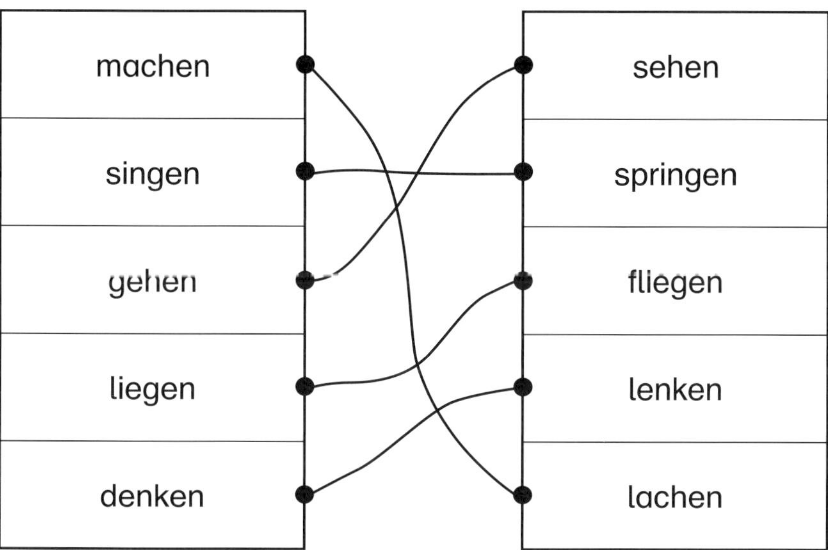

❼ Erzähle, was hier passiert:

Hier gibt es für jede Schülerin und jeden Schüler eine eigene Lösung.

© Verlag an der Ruhr | Autorin: Petra Bartoli y Eckert | www.verlagruhr.de

GLOSSAR – ERKLÄRUNG SCHWIERIGER WÖRTER (1/3)

Geschichte	Seite	schwieriges Wort	Bedeutung
1. Iwanka geht raus	S. 7/10	Gegend	Umgebung, Gebiet in der Nähe
	S. 7	Nachttisch	kleines Schränkchen neben dem Bett
	S. 7/8	Stadtplan	Karte mit allen Straßen einer Stadt
	S. 7/8/10	Reißverschluss	Stoffband mit kleinen Zähnchen zum Schließen einer Tasche oder Jacke
	S. 7/10	Detektiv, Detektivin	eine Person, die Rätsel löst und Informationen beschafft
	S. 8	Kopfhörer	kleine Lautsprecher, die man auf die Ohren setzt
	S. 8/10	Kiosk	kleiner Laden, Verkaufsstand
	S. 8	Kreuzung	mehrere Straßen treffen hier aufeinander
	S. 10	Finderlohn	Belohnung für eine Person, die etwas zurückbringt, was sie gefunden hat
2. Kuchen für die Nachbarn	S. 15/16/17	Piroggen	süßes oder salziges Gebäck aus Mehl und Hefe
	S. 15/17	Puderzucker	fein gemahlener Zucker
	S. 15	Lieblingsgebäck	Kuchen, den jemand besonders gerne mag
	S. 15	Nachbarschaft	alle Menschen, die nebenan wohnen
	S. 15/17	Leitung	Kabel, Rohr
	S. 15	kapieren	etwas verstehen
	S. 16	grinsen	lächeln, schmunzeln, den Mund verziehen
	S. 16	Pfosten	rundes Stück Holz, an dem man etwas befestigen kann

GLOSSAR – ERKLÄRUNG SCHWIERIGER WÖRTER (2/3)

Geschichte	Seite	schwieriges Wort	Bedeutung
	S. 16/17	Hängematte	gespanntes Stück Stoff, zum Daraufsitzen, Liegen und Ausruhen
3. Willkommen im Team!	S. 24/27	Autogrammkarte	Foto eines berühmten Menschen mit Unterschrift
	S. 24	Andrij Schew-tschenko	ehemaliger ukrainischer Fußballstar
	S. 24	Weltfußballer, Weltfußballerin	Auszeichnung für besonders gute Fußballspieler und Fußballspielerinnen
	S. 25	Hecke	dicht aneinander stehende Sträucher
	S. 25	Trikot	Sportkleidung
	S. 25/26/27	Trillerpfeife	Instrument zum Hineinpusten, das einen hellen/lauten Ton macht und meist von einer Trainerin oder einem Trainer beim Sport benutzt wird
	S. 25	Motorroller, Roller	kleines Motorrad
	S. 26	Torwarthandschuhe	spezielle Handschuhe für Torhüter im Sport
4. Kann ich dir helfen?	S. 33	eigenartig	komisch, fremd
	S. 33	Heimweh	Sehnsucht nach zu Hause
	S. 33	Klassenzimmer	Raum in der Schule für eine Klasse
	S. 34	Tischnachbarin, Tischnachbar	Schüler oder Schülerin, der oder die neben einer anderen Person an einem Tisch sitzt
	S. 34/35	Tablet	kleiner, flacher Computer ohne Tastatur

GLOSSAR – ERKLÄRUNG SCHWIERIGER WÖRTER (3/3)

Geschichte	Seite	schwieriges Wort	Bedeutung
	S. 34	Beamer	Videoprojektor, Gerät, um Bilder/Dateien an einer Wand zu zeigen
5. Poetry Slam	S. 43	Rucksack	Tasche, die man auf dem Rücken trägt
	S. 43/44/45	Notizblock	Block mit leeren Blättern Papier
	S. 43/46	Jugendzentrum	Haus, in dem Jugendliche sich treffen
	S. 33/43	Gebäude	Haus
	S. 43/44/45/46	Jackentasche	Tasche an einer Jacke
	S. 43/44	Poetry Slam	Wettbewerb, bei dem Gedichte vorgetragen werden
	S. 43	Theke	hoher Tisch
	S. 43	Kicker	Spieltisch, an dem man Tischfußball spielt
	S. 43	Dartscheibe	Zielscheibe, auf die man mit Pfeilen wirft
	S. 43/44/45/46	Bühne	Podest, erhöhter Bereich, auf dem Auftritte stattfinden
	S. 44/45	Applaus	Leute klatschen
	S. 45	verlegen	hilflos, beschämt